BEI GRIN MACHT SICH IHR WISSEN BEZAHLT

- Wir veröffentlichen Ihre Hausarbeit,
  Bachelor- und Masterarbeit

- Ihr eigenes eBook und Buch -
  weltweit in allen wichtigen Shops

- Verdienen Sie an jedem Verkauf

Jetzt bei www.GRIN.com hochladen
und kostenlos publizieren

Gesundheitsrelevante Persönlichkeitsmerkmale, Stress, Methoden der Datengewinnung

Bibliografische Information der Deutschen Nationalbibliothek:

Die Deutsche Nationalbibliothek verzeichnet diese Publikation in der Deutschen Nationalbibliografie; detaillierte bibliografische Daten sind im Internet über http://dnb.d-nb.de abrufbar.

ISBN: 9783346937315
Dieses Buch ist auch als E-Book erhältlich.

© GRIN Publishing GmbH
Trappentreustraße 1
80339 München

Druck und Bindung: Books on Demand GmbH, Norderstedt Germany
Gedruckt auf säurefreiem Papier aus verantwortungsvollen Quellen

Das Buch bei GRIN: https://www.grin.com/document/1392960

Inhaltsverzeichnis

Aufgabe 1:

1.1 Gesundheitsrelevante Persönlichkeitsmerkmale

Seit jeher versuchen Menschen bestehende Krankheiten zu behandeln und zu heilen. Begleitend sind Präventionsmaßnahmen, zum Erhalt der Gesundheit, von großer Bedeutung. Dazu forschen Experten seit Jahrzehnten an der Optimierung der Gesundheit und deren Erhaltung. Einen Aspekt davon bildet der Zusammenhang zwischen Gesundheit und Persönlichkeitsmerkmalen im Bereich der Psychologie. Die psychosomatische Forschung untersucht, ob und welche Persönlichkeitsmerkmale verschlechternd oder verbessernd auf die Gesundheit einwirken. Besondere Aufmerksamkeit gilt dabei den Attributen, die als Risikofaktor eingestuft werden können. In der Stressforschung setzt man den Fokus hingegen auf die Persönlichkeitsmerkmale, die der Gesundheit förderlich sind und als Schutzfaktoren gelten. Das ein Zusammenhang zwischen unserer Gesundheit und unserer Persönlichkeit besteht ist leicht nachzuvollziehen, da sich diese persönlichen Eigenschaften auf unser Verhalten auswirken. Es gibt sehr viele dieser Merkmale, wir nennen sie auch Charaktereigenschaften, die unsere Gesundheit positiv beeinflussen. Wir können mit diesen guten Eigenschaften also im Wesentlichen selber auf die Gesunderhaltung Einfluss nehmen (Vollmann & Weber, 2011, S.396).

Grundsätzlich lassen sich die Persönlichkeitsmerkmale in zwei Gruppen einteilen. Ein Bereich umfasst kognitive Merkmale, also habituelle Erwartungen, Einschätzungen und Überzeugungen. Der andere Bereich umfasst affektive Merkmale, die primär das Erleben und die Regulation von Emotionen beschreiben (Vollmann & Weber, 2011, S.396).

Kognitive Merkmale

Optimismus:

Optimisten besitzen stets einen festen Glauben an eine positive Entwicklung, auch in schwierigen Situationen. Sie legen ein flexibles und der Situation angemessenes Verhalten an den Tag. Studien belegen, dass der Optimismus sich positiv auf die körperliche Gesundheit auswirkt. Es ist allerdings nur schwer nachzuweisen (Vollmann & Weber, 2005, S.527).

Pessimismus:

„Pessimismus hingegen zeichnet sich durch negative Erwartungen hinsichtlich zukünftiger Ergebnisse aus." (Vollmann & Weber, 2011, S.397). Die negativen Auswirkungen auf den Körper zeigen sich in Gefühlen wie Ängstlichkeit oder Depressionen. Zudem können schwere Krankheiten, psychischer und körperlicher Art, die Folge sein.

Selbstwirksamkeit:

Als Selbstwirksamkeit wird das Vertrauen und die Überzeugung in seine eigenen Kompetenzen, auch in herausfordernden Aufgaben, definiert. Personen mit dieser Fähigkeit sind in der Lage über sich hinauszuwachsen. Sie stellen oft hohe Ansprüche an sich, was sich in ihren Aufgaben wiederspiegelt. Depressionen und Ängste gehören kaum in dieses Bild.

Kontrollüberzeugung:

„In der Persönlichkeitspsychologie ist die Kontrollüberzeugung der Grad, in dem die Menschen glauben, dass sie die Kontrolle über das Ergebnis der Ereignisse in ihrem Leben haben, im Gegensatz zu externen Kräften außerhalb ihrer Kontrolle." (Hilscher, 2013, S.1)

Kohärenzsinn:

Als Kohärenzsinn wird die Empfindungsfähigkeit einer Person für die Verbundenheit mit sich selbst und dem sozialen Gefüge definiert. Mit ihm gehen Gefühle der Zugehörigkeit oder Zufriedenheit einher. Laut Antonovsky zeichnet sich ein hoher Kohärenzsinn durch besondere Stressresistenz aus. (Lenze, 2023, S.1)

Feindseligkeit:

Da die Feindseligkeit in affektive-, kognitve- und Verhaltenskomponente eingeteilt werden kann, erhält die Forschung unterschiedliche Ergebnisse über die Operationalisierung. Allerdings lässt sich sagen, dass Feindseligkeit sich kritisch auf die Gesundheit auswirkt (Vollmann & Weber, 2011, S.397).

Affektive Merkmale

Emotionsregulation:

Bei der Emotionsregulation wirkt sich vor allem die Neigung, negative Emotionen zu unterdrücken, schlecht auf die Gesundheit aus. Allerdings können Emotionen auch schon unterdrückt werden, bevor negative Emotionen auftreten.

Neurotizismus:

Neurotizismus umfasst die generelle Neigung zu negativen Emotionen. Dazu gehören Niedergeschlagenheit, Ängstlichkeit, Schuldgefühle oder ein geringes Selbstwertgefühl. Er wirkt sich somit also schlecht auf unser subjektives Wohlbefinden aus (Vollmann & Weber, 2005, S.529).

Typ-A-Muster:

Personen mit einem Typ-A-Verhalten neigen zu Ärger, Aggressivität und Feindseligkeit. Auch Ehrgeiz und damit ein hohes Maß an Wettbewerbsorientierung sind typisch. Nachweislich ist die Feindseligkeit gesundheitskritisch.

Stressbewältigung:

Da Stresssituationen nicht mit objektiv wahrgenommenen Reizen einher gehen, sondern auf die subjektive Bewertung des Individuums zurückzuführen sind, liegt auch die Stressbewältigung an der Person selbst. Hierfür wird der Stressor bewertet und es kann mit unterschiedlichen Methoden, wie dem Coping, die Situation bewältigt werden.

1.2 Optimismus und Kohärenzsinn

Im Folgenden definiere ich die beiden gesundheitsrelevanten Persönlichkeitsmerkmale Optimismus und Kohärenzsinn etwas näher.

„Unter Optimismus wird sowohl in der Alltagssprache als auch in der psychologischen Forschung eine positive Erwartung im Hinblick auf zukünftige Entwicklungen verstanden." (Renner & Weber, 2005, S.446). Mit Optimismus beschäftigt sich sowohl die psychologische Forschung als auch die Persönlichkeitsforschung. In Folge dieser beiden Forschungstraditionen finden sich unterschiedliche Konzepte unter dem Begriff Optimismus.

Optimismus als Persönlichkeitseigenschaft lässt sich anhand des Life Orientation Test (LOT), entwickelt von Carver und Scheier, messen. Der LOT besteht aus sechs Gegenständen von denen jeweils drei Gegenstände positive, beziehungsweise negative Erwartungen erfassen (Renner & Weber, 2005, S.448)

Optimismus ist definiert als stabiles Persönlichkeitsmerkmal das anzeigt, inwiefern jemand daran glaubt, dass seine Zukunft erfolgreich und positiv sein wird. Außerdem ist Optimismus unabhängig von den Kulturen zu finden (Frey, 2015. S.138). Optimisten glauben daran, dass sich auch in schwierigen Situationen immer eine gute Lösung finden wird. Dabei ist es ihnen egal ob dies aufgrund von Glück, Zufall oder der eigenen Anstrengung geschieht. Optimismus bezieht sich dabei allerdings nicht nur auf einzelne Situationen, sondern auf die allgemeine Erwartung eines positiven Ausgangs in allen Lebenslagen. Der Gegenspieler zum Optimismus ist der Pessimismus. Pessimisten haben grundlegend eine negative Einstellung in Bezug auf vorstehende Situationen (Vollmann & Weber, 2005, S.439).

Generell bescheinigen alle Konstrukte des Optimismus, dass Dieser positive Konsequenzen mit sich trägt. Optimisten zeichnen sich durch günstigere Kognitionen aus. Sie berichten von einem positiveren Befinden und sind ausdauernder bei der Verfolgung ihrer Ziele. Den Auswirkungen auf das körperliche Wohlbefinden liegen zwar weniger Nachweise vor, sie zeigen sich allerdings durch eine bessere Immunabwehr, weniger Krankheit und schnellere Genesung. Außerdem weisen Optimisten eine höhere Lebenserwartung auf. In ihrem Umfeld fallen sie zudem oft als attraktiver auf als Pessimisten (Renner & Weber, 2005, S.449).

Kohärenzsinn:

Der Kohärenzsinn steht im Zusammenhang mit dem von Aaron Antonovskys entwickelten Konzept der Salutogenese. Die Salutogenese beschäftigt sich mit der Entstehung der Gesundheit. Sie ist das Gegenteil der Pathogenese, was so viel wie Entstehung von Krankheit bedeutet. Das Kohärenzgefühl ist das Herzstück der Salutogenese und setzt sich aus Sinnhaftigkeit, Handhabbarkeit und Verstehbarkeit zusammen. Die Sinnhaftigkeit bezieht sich auf die motivationale Ebene. Die Verstehbarkeit behandelt das richtige Aufnehmen und Verarbeiten von Reizen. Die Handhabbarkeit bezieht sich darauf, dank der bestehenden Ressourcen, schwierige Situationen lösen zu können. Das Kohärenzgefühl wird also von diesen drei Aspekten beeinflusst. Je ausgeprägter sie sind, desto höher ist auch der Kohärenzsinn. Mit dem Fragebogen zur Lebensorientierung hat Antonovsky ein Werkzeug zur Messung des Kohärenzgefühls erstellt. Ein hoher Kohärenzsinn lässt ein Individuum hohen Spannungen standhalten und trägt somit zu einer besseren Gesundheit bei. Die Entwicklung des Kohärenzsinns ist allerdings auf die Erfahrungen des Individuums zurückzuführen und er entwickelt sich vor allem im jungen Alter. (Faltenmaier & Dietrich, 2021, S.1)

1.3 Betriebliches Gesundheitsmanagement

Auch die Arbeit kann einen erheblichen Einfluss auf die Entstehung von Krankheiten haben. Einen beachtlichen Teil seiner Zeit widmet der Mensch in der Regel seiner beruflichen Tätigkeit. Sie besitzt also einen großen Stellenwert im Leben. Deshalb sollte auch hierbei besonders auf die Förderung von positiven Persönlichkeitsmerkmalen Wert gelegt werden. Der Optimismus, als auch der Kohärenzsinn der Mitarbeiter, spielen im Betrieb eine wichtige Rolle. Optimistische Mitarbeiter zeichnen sich dadurch aus, insbesondere bei problembehafteten Situationen, entspannt zu agieren und nicht aufzugeben. Diese Personen haben die positive Fähigkeit fokussiert an der Lösung des Problems zu arbeiten. Zudem blicken sie zuversichtlich auf ihren Erfolg und treiben somit das Unternehmen voran.

Der Optimismus kann durch unterschiedliche Faktoren gefördert werden. Der Anreiz, eine Belohnung oder eine bessere Bezahlung zu erlangen, ist eine Möglichkeit und gibt den Mitarbeitern den nötigen Antrieb um auch in kniffligen Situationen motiviert weiterzuarbeiten. Auch der berechtigte Stolz darf durch Anerkennung unterstützt werden. Bei Misserfolgen wird dem Mitarbeiter Zeit zur Verarbeitung gelassen und ein neuer Anreiz gegeben. Zudem können die individuellen Stärken gefördert werden.

Auch der Kohärenzsinn kann im Betrieb positiv beeinflusst werden. Da sich Dieser, wie oben erklärt, aus drei Komponenten zusammensetzt, kann durch Stärkung jeder einzelnen Komponente das Kohärenzgefühl angehoben werden. Für die Verstehbarkeit ist ein hohes Maß an Transparenz und Struktur wichtig. Die Handhabbarkeit wird durch ein „ausgewogenes Maß an Belastung gefördert" (Mette & Harth, 2017, S.241). Durch einen großen Handlungsspielraum wird die Sinnhaftigkeit gefördert.

Doch die individuellen vorhandenen Fähigkeiten des Mitarbeiters sollten berücksichtigt werden und bei unzureichender Ausprägung in Form von Weiterbildungsmöglichkeiten oder professioneller Unterstützung zur Verfügung stehen.

Bei Nichtförderung dieser Komponenten kann das Gegenteil, nämlich die Schwächung des Kohärenzsinnes, eintreten. Es wird vermutet, dass Personen mit starkem Kohärenzsinn ihre Arbeitsumgebung generell positiver wahrnehmen als Personen mit schwächerem Kohärenzsinn.

Aufgabe 2:

2.1 Was ist Stress und wie entsteht er

Im Alltag werden wir oft mit dem Wort Stress konfrontiert. Doch was bedeutet Stress überhaupt? Wie wirkt er auf uns und wie können wir ihn bewältigen? Stress bedeutet so viel wie Anspannung, Druck oder Kraft. Mit ihm können körperliche Beschwerden einhergehen, wie Bauch- und Kopfschmerzen, Atemnot oder ein Gefühl der Einengung. Zudem kann sich Stress negativ auf die Gefühlslage auswirken, was sich unter anderem durch Stimmungsschwankungen und Konzentrationsstörungen bemerkbar macht. Diese negative Art des Stresses, wird als Disstress bezeichnet. Die gegenteilige Bezeichnung ist Eustress. Es beschreibt den Stress, der im positiven Sinne wahrgenommen wird. Menschen, die Stress als positiv empfinden, nutzen die dadurch erzeugte Energie als Antrieb oder Ansporn. Stress kann uns demnach auch motivieren und unsere Leistungen positiv beeinflussen. Das gilt aber nur, solange die Stressbelastung sich nicht überfordernd und unangenehm anfühlt. Daher gehen Forscher davon aus, dass nicht der objektiv wahrgenommene Reiz für die Stressreaktion verantwortlich ist, sondern die subjektive Bewertung des Individuums (Rusch, 2019, S.5).

Unser Körper ist durchgehend den unterschiedlichsten Reizen, auch Stressoren genannt, ausgesetzt. Diese Reize werden an das Gehirn weitergeleitet und dort durch biochemische Prozesse verarbeitet. Bei negativen Reizen wird der Körper in Alarmbereitschaft versetzt und er fängt an Stresshormone auszuschütten. „Jedem Menschen stehen aufgrund seiner physischen und psychischen Veranlagung, aber auch in Hinblick auf seine sozialen, emotionalen, kognitiven Kompetenzen unterschiedliche Ressourcen zur Verfügung." (Rusch, 2019, S.6) Somit empfinden Menschen Stress als individuell. Die einen nutzen ihn als Ansporn und Energiegeber (Eustress), während andere ihn als belastend (Disstress) wahrnehmen.

2.2 Modell zur Stressbewältigung

Anhand des transaktionalen Stressmodells von Lazarus und Folkman wird deutlich, dass man aktiv gegen Stressoren wirken kann. Jeder Mensch wird anhaltend von Reizen durchströmt, die aufgenommen und verarbeitet werden. Ob diese Reize Stress verursachen, ist bedingt durch Umwelteinflüsse und die mentale Bewertung der jeweiligen Person. Lazarus erkannte also, dass ein Reiz als stressvoll bezeichnet wird, weil der Mensch ihn als solchen bewertet. Daher beruht das transaktionale Stressmodell auf drei Stufen um eine Situation zu bewerten. Der Primär-, Sekundär- und Tertiärbewertung. Unbewusst setzen sich Prozesse in Gang, in denen im ersten Schritt, der Primärbewertung, beurteilt wird, ob sich das Ereignis irrelevant, positiv oder negativ auf einen auswirkt. Wenn sich hierbei herausstellt, dass der Reiz irrelevant oder positiv ist, entsteht keine Stressreaktion. Bei einer vorangegangenen negativen Bewertung der Situation erfolgt ein zweiter Schritt, in dem das stressrelevante Ereignis und die vorhandenen Ressourcen (deren Bewältigungsmöglichkeiten) überdacht werden. Dies ist die Stufe der Sekundärbewertung. Hier beginnt der Coping Prozess (Rusch, 2019, S.66).

Coping kommt von dem englischen Wort „to cope with", was so viel bedeutet, wie etwas „bewältigen". Es ist ein Bestandteil der psychologischen Stresstheorie von Richard S. Lazarus, indem eine Strategie zur Stressbewältigung bzw. -reduktion angeboten wird.

Kann ein wohlbefindender Ausgleich, oder zumindest ein teilweise hemmender Ausgleich gefunden werden lindert sich das Stresslevel. Diese Möglichkeiten können sowohl im Denken (emotionsbezogenes Coping), als auch im Handeln (problembezogenes Coping) stattfinden (Rusch, 2019, S.67).

Im dritten Schritt des transaktionalen Stressmodels, der Tertiärbewertung, können gelungene Bewältigungsstrategien zu einer Neubewertung solcher Situationen führen. Allerdings kann der Stress, bei Nichtgelingen solch einer Bewältigungsstrategie, auch als zunehmend wahrgenommen werden.

2.3 Anwendungsbeispiel emotions- uns problembezogenes Coping

Anhand eines Beispiels wird der Unterschied zwischen emotionsbezogenem Coping und problembezogenem Coping verdeutlicht.

Die Beispielgeschichte zu Beginn, erläutert den Stressauslöser und die Bewältigung der Situation durch das Coping.

Sabine ist Bäckerin mit einem eigenen kleinen Unternehmen, dass immer gut besucht ist und einen großen Kundenstamm besitzt. In der Bäckerei wird Sabine von einer

Angestellten unterstützt. Die Krankmeldung der Kollegin, am Vorabend eines sehr auftragsreichen Tages, versetzt Sabine in eine stressige Lage.

Sowohl emotionsbezogenes als auch problembezogenes Coping können Sabine jetzt helfen die Situation zu bewältigen.

Emotionsbezogenes Coping bedeutet, die eigenen mit Stress verbundenen Emotionen zu regulieren. Sie kann nun prüfen, in welcher Weise sie körperliche, physiologische oder materielle Ressourcen nutzen kann, um ihr Wohlbefinden bestmöglich zu steigern.

Sabine ist eine sehr talentierte und motivierte Person und weiß, dass sie es schaffen kann, die Arbeit an diesem Tag auch allein zu bewältigen (Positives Denken). Um an diesem Tag die nötige Ruhe bewahren zu können beginnt sie ihren Morgen mit Yogaübungen und einer Meditation.

Eine weitere Möglichkeit besteht darin ihre Freundin um Mithilfe zu bitten, oder sie entscheidet sich dafür, einen Teil der Aufträge abzusagen, um den Arbeitsaufwand zu reduzieren. Beides sind Optionen, die unter Problembezogenem Coping zu verstehen sind. Aktives Handeln oder auch Unterlassen, ebenso sich Informieren sind Methoden um das Problem zu beheben (Wittmann, 2020, S.1).

Copingmethoden bieten also eine Vielzahl an Möglichkeiten, um den empfundenen Stress zu bewältigen oder zu lindern und somit eine möglichst angenehmere Situation zu schaffen.

2.4 Ressourcen und ihre angemessene Anwendung

Einfluss auf ein möglichst positives Copingverhalten haben auch die unterschiedlichen Ressourcen, die einem Menschen zur Verfügung stehen. Sie können in herausfordernden Situationen zur Stressbewältigung beitragen. Dabei sind Ressourcen in Bezug auf den Menschen „die Gesamtheit an Wissen, Kenntnissen, Fertigkeiten, Haltungen, Persönlichkeitsmerkmalen, Begabungen, Beziehungen, Netzwerken etc., die einer Person als Potential zur Verfügung stehen." (Fachhochschule Nordwestschweiz).

Ressourcen werden in unterschiedliche Arten untergliedert.

Internen Ressourcen - hierzu gehören die persönlichen Ressourcen.

Externe Ressourcen – das sind die sozialen- und materiellen Ressourcen.

Persönliche Ressourcen - sie sind Ressourcen aus dem inneren der Person selbst und können sich im Laufe des Lebens verändern. Dazu gehören Motivation, Charaktereigenschaften, Erfahrungen, Emotionale Fähigkeiten und viele mehr.

Sozialen Ressourcen - sie sind das Netzwerk einer Person wie die Familie, der Partner Freunde oder Kollegen.

Materiellen Ressourcen – sie unterstützen dabei, bestimmte Vorhaben umzusetzen. Dazu zählt Geld sowie sämtliche Anlagewerte, wie z.b. Häuser.

2.5 Ressourcen des genannten Beispiels

Im Beispiel nutzt Sabine, durch ihre Motivation und Selbstsicherheit, persönliche Ressourcen. Des Weiteren hat sie die Möglichkeit auf ihre Freundin zuzugreifen, was in den Bereich der sozialen Ressourcen fällt. Dass Sabine gegebenenfalls auch Aufträge absagen kann, ist auf Grund fehlender Einnahmen in den materiellen Ressourcen begründet.

Aufgabe 3:

3.1 Methoden der Datengewinnung

Um das Wissen der Persönlichkeitsforschung weiterzuentwickeln, werden hier verschiedene Möglichkeiten der Datengewinnung genutzt. Dazu stehen vielfältige Instrumente zur Verfügung.

Es lässt sich grundsätzlich in reaktive und nicht-reaktive Verfahren unterscheiden. Reaktive Verfahren sind solche, in denen die Probanden von der Datenerhebung in Kenntnis gesetzt sind. Bei der nicht-reaktiven Gewinnung von Daten befinden sich die Probanden in einer natürlichen Situation und in Unkenntnis. Diese Methoden werden genutzt, um Verhaltensänderungen vorzubeugen und unverfälschte Ergebnisse zu erhalten.

Im Wesentlichen unterliegt die Datengewinnung fünf unterschiedlichen Methoden. Das experimentelle Model erzielt Ergebnisse durch Experimente. Hierbei werden Ursache-Wirkungs-Zusammenhänge erstellt. Das Psychometrische Verfahren umfasst standardisierte Tests, wie Persönlichkeits- und Leistungstests, sowie Selbstbeschreibungs- und Persönlichkeitsfragebogen. Die Auswertung dieser Tests läuft nach objektiven und transparenten Kriterien. Die Methode der Fremdeinschätzung beruht auf der Beschreibung und Beurteilung von Freunden und Verwandten. Auch dieses Verfahren wird meist Mithilfe von Fragebögen durchgeführt. Eine weitere Möglichkeit der Datengewinnung ist die Verhaltensbeobachtung. Dabei bedient man sich einer systematischen Verhaltensbeobachtung, die im natürlichen Setting oder in einem Labor stattfinden kann. Zuletzt gibt es noch das indirekte Verfahren. Hierbei wird durch indirekte Fragen oder Aufgaben, die darauffolgende Antwort analysiert. Generell hängt die Art der bestmöglichen Befragung von drei Faktoren ab. Wie hoch dürfen die Kosten für die Erhebung der Daten sein. Wie erlange ich meine Probanden oder wer ist meine Zielgruppe und die inhaltliche Fragestellung?

Geschlossene – offene Datenerhebung:

Basiert die Datengewinnung auf Ausarbeitung von Fragebögen in allerlei Formen, kann von einer geschlossenen bis hin zu einer offenen Befragung gewählt werden. Bei einer geschlossenen Befragung erhält der Proband genau vorgegebene Fragen, auf die er

Antworten soll. Dieser Grad der Offenheit kann bis hin zu einer offenen Befragung führen, bei der zwar ein Thema vorgegeben ist aber keine direkten Fragen.

3.2 Psychometrisches Verfahren, Verhaltensbeobachtung, Experimentelle Methode

Im Folgenden werde ich auf die drei Methoden Psychometrisches Verfahren, Verhaltensbeobachtung und das experimentelle Modell näher eingehen.

Psychometrisches Verfahren:

Das wohl bekannteste Verfahren zur Gewinnung von Daten ist die Befragung. Diese Art der Datenerhebung lässt sich allerdings in mehrere Gewinnungsmethoden gliedern. Die Befragung kann persönlich, also mündlich, stattfinden. Eine Befragung kann jedoch auch schriftlich, telefonisch oder online durchgeführt werden. Außerdem kann bei dieser Art der Datengewinnung, je nach Belieben, zwischen einer vollständig geschlossenen bis hin zur vollständig offenen Befragungsart gewählt werden.

Persönlich-mündliches Interview

Diese Art der Datenerhebung findet „face to face" statt. Die Fragen werden hierbei direkt von einem Interviewer an die Person oder Personengruppen gestellt. Je nach Bedarf kann hier zwischen einer geschlossenen bis hin zu einer offenen Datenerhebung gewählt werden. Der Interviewer trägt die erhobenen Daten anschließend direkt in eine Datenmaske ein. Diese Form der Befragung ist nützlich, um gezielte Antworten zu erhalten und den Probanden aktiv zu motivieren. Allerdings kann sich die Aussagekraft der Probanden durch die Anwesenheit eines Interviewers bei heiklen Fragen schmälern, da hier gerne beschönigende Antworten gegeben werden und nicht die tatsächliche ehrliche Meinung. Zudem sind Interviews sehr zeit- und kostenintensiv (Wolf & Best, 2010, S.47).

Schriftliche Befragung

Bei der schriftlichen Befragung erhält ein Proband die Umfrage in Papierform ausgehändigt oder zugestellt. Er wird gebeten an dieser Befragung teilzunehmen und sie ausgefüllt abzugeben oder an den Absender zurückzusenden. Vorteilhaft an dieser Form der Datenerhebung ist der geringe Zeitaufwand. Probanden können sich in Ruhe mit der Befragung befassen und ihre Antworten überdenken. Außerdem ist bei dieser Form die Anonymität des Probanden gewährleistet, was die wahrheitsgemäße Beantwortung fördert. Um die Rücklaufquote solcher Befragungen zu erhöhen, sollte unbedingt auf ein ansprechendes Design und eine hohe Qualität des Fragebogens geachtet werden. Zudem sollte bei Fragebögen, die per Post zurückgesendet werden sollen, ein frankierter Briefumschlag beiliegen. Für eine schriftliche Befragung sprechen geringe Kosten und minimaler Zeitaufwand (Wolf & Best, 2010, S.48).

Telefonbefragung

Die Telefonbefragung ist ähnlich der persönlich-mündlichen Befragung. Auch hier findet die Befragung durch einen Interviewer statt. In Verbindung mit der Nutzung einer computergestützten Befragung, werden gleichzeitig Kosten gespart. Auch bei dieser Form kann der Interviewer flexibel auf den Probanden eingehen. „Ein großer Vorteil von Telefonbefragungen besteht in der unmittelbaren Kontrolle der Daten- und Interviewqualität." (Wolf & Best, 2010, S.50). Diese Methode weist ebenso Nachteile auf. Fehlende Einträge in das Telefonbuch machen eine Stichprobenziehung schwer. Außerdem kann der Proband während der Befragung von Dritten gestört werden oder dem Gespräch durch frühzeitiges Beenden entfliehen (Wolf & Best, 2010, S.50).

Onlinebefragung

Diese Form der Befragung ist der heutigen Zeit angepasst und findet somit immer mehr Verbreitung. Hierbei können Probanden ihren Fragebogen zeit- und ortsunabhängig beantworten. Allerdings findet oft schon im Voraus eine Selektion der Befragten statt, da sich vermehrt diejenigen zur Beantwortung bereit erklären, die sich von dem Thema angesprochen fühlen. Eine weitere Problematik besteht darin, alle Altersgruppen einzubeziehen. Der Grund dafür ist, dass vor allem die „ältere Generation" weniger mit den notwendigen, technologischen Anforderungen vertraut ist. Weitere Vorteile dieser Methode sind Zeitersparnis durch die automatisierte Datenerhebung, sowie höhere Kosteneffizienz, durch Entfallen von Interviewer und Fragebogendruck (Wolf & Best, 2010, S.51).

Verhaltensbeobachtung:

Eine weitere Methode zur Datengewinnung stellt die Verhaltensbeobachtung dar. Hierbei wird der Proband wissentlich oder unwissentlich in selbstverständlichen und alltäglichen

Situationen beobachtet. Auch der Beobachtungsort kann zwischen Laborbeobachtungen und Feldbeobachtungen variieren. „Zielgerichtete Beobachtungen im wissenschaftlichen Kontext verwenden eine intersubjektiv nachvollziehbare Protokollsprache, die die festgelegten Kategorien und wohl definierte Ausprägungen umfasst." (Wolf & Best, 2010, S.55). Im Vergleich der Beobachtungsformen zeigt sich der Vorteil der Standardisierung bei strukturierten Beobachtungen und Laborbeobachtungen. Außerdem kann man hier leichtere Vergleiche ziehen. Unstrukturierte Beobachtungen und Feldbeobachtungen werden bevorzugt in spezifischen sozialen Situationen verwendet, um unbeeinflusste und natürliche Ergebnisse zu erzielen. Die Datenerhebung durch Beobachtung weist eine Ähnlichkeit zur Befragung auf. Auch hier werden Forschungsfragen beantwortet und in eine Eingabemaske eintragen, um die Daten auszuwerten. Zudem gibt es Anforderungen an den Beobachtungsbogen. Die Beobachtungskategorien sollen eindimensional, diskret, vollständig und korrekt sein. Der Beobachter spielt die wichtigste Rolle. Seine Herausforderung besteht darin, den Probanden ganzheitlich wahrzunehmen, um eine vollständige und korrekte Interpretation, unabhängig vom eigenen Einfluss, zu erhalten.

Experimentelle Methode:

Wir streben immer danach Ergebnisse zu erlangen und wollen Zusammenhänge von Ursachen und Wirkung verstehen. In der Psychologie geht es darum, zu erfahren und Zusammenhänge und Auswirkungen zu erkennen, wie wir Menschen funktionieren und in bestimmten Situationen reagieren. In der Wissenschaft versucht man anhand von Experimenten eine Hypothese zu erforschen und zu belegen. So steht zu Beginn der experimentellen Methode eben auch eine "Idee", die bewiesen werden will. Mithilfe verschiedener Variablen wird eine erzeugte manipulierte Situation, sowie natürliche Situationen auf ihren Einfluss beobachtet, erfasst und bewertet (Sarris & Reiß, 2005, S.20).

Die Basis des Experimentierens ist die systematische Beobachtung. Das heißt, das Beobachten ist der wichtigste Baustein mit der größten Bedeutung im Experiment. Gemeinsam mit dem genauen Beschreiben der Ereignisse ist es absolut notwendig, aber nicht alleinig ausreichend, um den Sachverhalt wissenschaftlich darzustellen. "Eine systematische Beobachtung ist eine empirische Forschungsmethode, mit der Verhalten, Objekte oder Vorgänge untersucht werden können. Die systematische Beobachtung zeichnet sich dadurch aus, dass sie immer geplant, zielgerichtet und überprüfbar ist, da im Voraus ein Beobachtungsbogen mit festen Kategorien erstellt wird." (Pfeiffer, 2019, S.1). Dies nennt man auch strukturierte Beobachtung. Im weiteren Schritt folgt die wissenschaftliche Interpretation. Bei der wissenschaftlichen Interpretation geht es um das Erfassen von Merkmalen eines Ereignisses und die dazu führenden Bedingungen, in Überprüfung mit der Grundannahme bzw. der Theorie. Durch die wissenschaftliche Bewertung erfolgt eine Eingliederung der gesammelten Merkmale in eine Gesamtbeziehung. Voraussetzung für die wissenschaftliche Verwendung dieser Daten ist eine unmissverständliche und zuverlässige Beschreibung (Sarris & Reiß, 2005, S.20).

Die Vor- und Nachteile dieser Methode werden anhand eines Beispiels am Kaufverhalten von Kunden deutlich, wenn der Wohlfühlfaktor eine Rolle spielt. Man kann Zusammenhänge zwischen hohem Wohlfühlfaktor (Ursache) und erhöhter Kaufkraft (Wirkung) ermitteln. Es besteht also die Möglichkeit Entscheidungen, in Bezug auf künftige Maßnahmen zur Umsatzsteigerung zu treffen. Außerdem kann die Beobachtung des Kaufverhaltens ohne Wissen der Kunden stattfinden. Allerdings können nicht alle alltäglichen Faktoren berücksichtigt werden, die das Ergebnis negativ beeinflussen können. Zudem beansprucht diese Methode einen hohen Zeit- und Geldaufwand.

3.3 Aktuelle Methoden in der Personalentwicklung

Häufig angewendete Methoden zur Datengewinnung in der Personalentwicklung sind so genannte Face-to-Face Gespräche. Hierbei werden Anliegen, Wünsche und Vorstellungen, sowie gegebenenfalls vorhandene Schwierigkeiten, ausgetauscht um das Wohlbefinden und somit die Motivation der Mitarbeiter zu steigern. Zudem fördern Mitarbeitergespräche die Leistungen in einer partnerschaftlichen Kultur. Allerdings ist eine gute Qualität, eines solchen Gesprächs, ausschlaggebend für die Personalentwicklung.

Ebenso sind kurze Impulsbefragungen eine gängige Methode, um die aktuelle Mittarbeiterzufriedenheit zu ermitteln. Hierbei handelt es sich um eine regelmäßig durchgeführte Datenermittlung, anhand derer man die Entwicklung des Wohlbefindens, als auch andere wichtige Aspekte ermittelt. Durch die Regelmäßigkeit der Befragungen erhält man ein Gesamtbild der Zufriedenheit und erkennt ob Veränderungen auch tatsächlich Wirkung zeigen.

Typentests wie das DISG-Modell werden gerne in großen Firmen verwendet, um auf einen individuellen und angemessenen Umgang innerbetrieblich achten zu können.

Dieser Persönlichkeitstest kategorisiert Menschen in vier unterschiedliche Persönlichkeitstypen, die jeweils eine bestimmte Art von Kommunikation bevorzugen. Gegliedert wird in den dominanten, den initiativen, den stetigen und den gewissenhaften Typ. Verwendung findet der Test insbesondere, wenn Kommunikation und Zusammenarbeit verbessert werden sollen. Aber auch um den bestmöglichen Einsatzbereich für einen Mitarbeiter zu finden.

Alle diese Methoden liefern einen groben Überblick und können zur Weiterentwicklung und Verbesserung des Betriebs beitragen.

Literaturverzeichnis:

Fachhochschule Nordwestschweiz. Persönliche Ressourcen. Zugriff am: 25.04.2023. Verfügbar Unter Glossar (portfolio-kompetenzmanagement.ch)

Faltenmaier, T., Dietrich, R. (2021). Kohärenzgefühl. Zugriff am 26.04.2023. Verfügbar unter Kohärenzgefühl – Dorsch - Lexikon der Psychologie (hogrefe.com)

Frey, D. (2015). Psychologie der Werte. München: Springer. doi: 10.1007/978-3-662-48014-4

Hilscher, C. (2013). Kontrollüberzeugung (Psychologie). Zugriff am 25.04.2023. Verfügbar unter Kontrollüberzeugung (Psychologie) – PSYLEX

Lenze, B. (2023). Kohärenzsinn (nach Antonovsky). Zugriff am 26.04.2023. Verfügbar unter Kohärenzsinn (nach Antonovsky) (lenze-mediation.de)

Mette, J., Harth, V. (2017). Das Kohärenzgefühl im Arbeitskontext. Hamburg-Eppendorf: Springer. doi: 10.1007/s40664-017-0168-2

Pfeiffer, F. (2019). Systematische Beobachtung durchführen mit Beispiel. Zugriff am 25.04.2023. Verfügbar unter Systematische Beobachtung durchführen mit Beispiel (scribbr.de)

Renner, B., Weber, H. (2005). Optimismus Optimism. Zugriff am 25.04.2023. Verfügbar unter Optimismus (uni-konstanz.de)

Rusch, S. (2019). Stressmanagement (2.Aufl). Lilienthal: Springer. doi: 10.1007/978-3-662-59436-0_3

Sarris, V., Reiß, S. (2005). Kurzer Leitfaden der Experimentalpsychologie. Deutschland: Pearsons Studium.

Vollmann, M., Weber, H. (2005). Gesundheitspsychologie Health Psychology. Zugriff am 25.04.2023. Verfügbar unter Gesundheitspsychologie (uni-konstanz.de)

Vollmann, M., Weber, H. (2005). Gesundheitspsychologie. Zugriff am 25.04.2023. Verfügbar unter Gesundheitspsychologie (uni-konstanz.de)

Vollmann, M., Weber, H. (2011). Gesundheitspsychologie. Zugriff am 25.04.2023. Verfügbar unter Vollmann_Weber2011Gesundheitspsychologie (2).pdf

Wittmann, L. (2020). Coping-Strategie: Definition und Beispiele. Zugriff am 25.04.2023. Verfügbar unter Coping-Strategie: Definition und Beispiele | FOCUS.de

Wolf, C., Best, H. (2010). Handbuch der sozialwissenschaftlichen Datenanalyse (1. Aufl.). Mannheim: VS Verlag. doi: 10.1007/978-3-531-92038-2_1